La Vie éternelle

Dieu le Créateur et nous

ISBN : 978-2-9568759-0-1
Copyright : 00066723-1

Contact : https://la-vie-eternelle.jimdosite.com

Mon frère spirituel te parle.

Table des matières

Préambule

Ce livret m'a été dicté par mon ami et frère spirituel qui n'est plus de ce monde mais qui est toujours à mes côtés en tant qu'esprit. Cet ami a été mon guide spirituel pendant quelques années de ma vie sur Terre. Depuis que j'ai fait sa connaissance, j'ai toujours été en relation avec lui et cette relation perdure même s'il a quitté notre monde. Il fait maintenant partie de l'univers invisible. Dans cet univers où il se trouve, dans cet « au-delà », mon ami et guide spirituel m'a fait approcher la vérité de la Vie. J'accède chaque jour à un peu plus de connaissances et je suis à la fois frustré et émerveillé.

Frustré, parce que je prends conscience que j'ai passé quelques années de la Vie sur Terre sans avoir eu accès à toutes ces connaissances fondamentales et, de ce fait, de ne pas avoir toujours pris les bonnes décisions. Je suis émerveillé par l'extraordinaire immensité qui s'offre à nous et aussi parce que nous avons devant nous toute une éternité pour apprendre, développer nos connaissances et devenir tel que Dieu le veut.

Par cette relation que j'ai avec mon guide spirituel, avec l'autorisation du Créateur, mon ami veut simplement témoigner, dans la limite de ses connaissances actuelles, de ce qu'il sait de notre monde visible mais aussi de l'univers invisible.

C'est une joie pour moi d'apporter une modeste contribution dans l'élaboration de ce livret. La grande difficulté est de rendre sa lecture la plus simple possible afin que ce livret soit accessible et compris par le plus grand nombre de ses lecteurs.

Mon guide et moi-même essaierons de tenir compte des remarques de tous pour que le principal soit dit en toute simplicité.

N'ayons pas peur d'accéder à cette vérité, familiarisons-nous avec cet univers qui fait partie de notre environnement, oublions de temps en temps tout ce qui est matériel afin de vivre pleinement tout ce qui nous est offert par Dieu, le Créateur. Vivons en paix et n'ayons plus peur de la mort. La mort fait partie de la Vie, c'est une étape qui pourra nous libérer des difficultés que nous rencontrons dans notre monde visible quand notre temps sur Terre a été difficile. La mort peut nous conduire vers un autre univers qui nous réserve bien des merveilles.

Notre corps matériel nous limite par ses capacités restreintes. Nos cinq sens, la vue, l'ouïe, le toucher, le goût et l'odorat, nous offrent un univers qui nous paraît vaste alors que, étonnamment, il est infiniment limité par cette perception humaine. Nous avons bien d'autres capacités qui sont en nous et qui nous sont inconnues. Nous ne les exploitons pas.

Avec patience et endurance, ayons la curiosité d'analyser tout ce qui nous paraît extraordinaire, apprenons à vivre avec cet univers sans limites et nous développerons naturellement nos capacités de perception de ce qui nous environne.

Cette prise de conscience d'un autre monde accroitra en nous de nouvelles capacités. Cette démarche qui donne l'accès à cette immensité n'est pas facile à acquérir. En faire l'apprentissage seul paraît extrêmement compliqué. Demandons à ceux qui nous entourent dans le monde visible mais aussi invisible de nous aider tout au long de notre cheminement afin de nous permettre ce grand changement dans notre Vie.

Prions Dieu, le Créateur, le Seigneur Jésus Christ pour que nos anges gardiens, nos guides spirituels soient toujours à nos côtés et nous accompagnent dans cette prise de conscience.

C'est un grand changement que nous vivons en découvrant cette vérité, alors soyons prudents, ne restons pas seuls et progressons pas à pas.

Cette prise de conscience nous ouvre notamment le chemin de la paix, de la tolérance et de l'amour de son prochain. Notre relation aux autres va s'établir sur des bases nouvelles car nous allons découvrir que cette relation n'est pas ponctuelle et qu'elle va durer dans l'éternité.

Alors devenons conciliants, tolérants et aidants.

Notre relation à tout ce qui est matériel, à notre corps en particulier, à ce que l'on possède, ne sera plus comme avant. Les biens sont des illusions de ce monde, des agents perturbateurs qui parfois nous sont nécessaires pour vivre sur Terre mais qui seront vite oubliés une fois que nous serons passés dans l'univers invisible. Alors soyons prudents avec ce qui est matériel, ne nous laissons pas posséder par tout ce qui est matériel.

C'est sûrement le moment pour vous de lire ce livret parce que vous l'avez entre les mains. Nos préoccupations du moment qui prennent habituellement le dessus sur nous seront peu à peu mises de côté afin de porter un regard sur l'essentiel, notre Vie, et le changement va s'opérer.

Dieu nous a offert la Vie, alors vivons là pleinement en faisant les bons choix...

Les fondamentaux

Dieu, le Créateur

Comment expliquer l'inexplicable ?

Toute chose a une origine, une cause. L'analyse de la cause de toutes causes nous permet de remonter au Créateur, quel que soit le point de départ de l'analyse.

Prenons comme exemple un objet matériel : la table en bois. Une table en bois est la résultante d'un procédé humain qui a transformé de la matière première : le bois.

Le bois provient aussi d'un procédé humain et de la matière première qui est l'arbre. L'arbre a poussé à partir d'une graine. La graine est issue d'une fécondation entre fleurs d'autres arbres. Mais qu'elle est l'origine de la toute première graine donnant le premier arbre ? L'origine des plantes à graines est scientifiquement un mystère qui reste à ce jour non résolu.

Tout comme les arbres, il en est de même de toutes les espèces végétales et animales. Quelle est l'origine de la toute première espèce, de la toute première graine ?

Il en est de même pour notre Terre dont l'apparition est la conséquence d'un phénomène en plusieurs étapes dans l'évolution de l'univers que l'on a appelé Big-Bang de l'univers.

Qu'est ce qui est à l'origine de ce Big-Bang ou, qui est à l'origine de ce Big-Bang ?

Cette origine de toute chose est notre Créateur que l'on appelle Dieu.

Dieu est le Créateur de tout ce qui nous concerne aujourd'hui plus particulièrement dans ce monde visible : le Ciel et la Terre, le jour et la nuit, les espèces végétales, les espèces animales.

Le Créateur a fait beaucoup plus et nous ne pouvons en percevoir par nos cinq sens qu'une infime partie. La partie immense que nous ne percevons pas se trouve dans l'univers invisible.

L'être humain

L'être humain est une espèce vivante très différente des autres espèces. Depuis le début de la création, toute autre espèce vivante n'a pas connu d'évolution aussi importantes dans ses comportements : un oiseau continue à faire son nid comme il le faisait il y a plusieurs milliers d'années, un cheval mange, dort, se déplace, comme il l'a toujours fait.

Certains animaux peuvent avoir été dressés momentanément afin de reproduire des gestes appris. Mais les gestes appris ne dépassent pas une génération.

L'être humain est différent, il a évolué en permanence, il parle, innove, crée des outils, des moyens afin de satisfaire ses besoins. L'être humain est capable de s'adapter rapidement à de nouvelles situations. Il apprend facilement et ce depuis qu'il est dans le ventre de la mère. Dieu nous dit qu'il a fait l'être humain à son image. Il ne s'agit pas de l'image corporelle mais des capacités que l'Homme a de créer, de penser, d'apprendre et d'évoluer.

Nous avons des capacités autres, nous avons des aptitudes additionnelles par rapport aux capacités des autres espèces vivantes. C'est le Créateur qui nous a donné ces dispositions dès le début de notre Vie, avant même que nous quittions le ventre de notre mère pour vivre dans l'univers visible.

Cette faculté extraordinaire, ce génie, vient habiter un corps matériel pour lui donner une identité d'être humain dans ce monde visible. Ce supplément, c'est notre âme que Dieu a introduite dans notre corps avant même notre naissance.

Nous avons la certitude par de nombreux témoignages tangibles que notre âme survit après la mort. Lors de la mort, l'âme se sépare du corps et part vivre dans l'au-delà.

Son corps est alors abandonné sur la Terre et n'est plus considéré par l'âme.

Par la suite, nous appellerons « esprit » cette âme qui a quitté le corps et qui se trouve dans le monde qui nous est invisible.

L'esprit

L'esprit est une création de Dieu. Cet esprit vient prendre place dans un corps humain dès la phase de gestation, dans l'embryon. L'embryon est le résultat d'une rencontre d'un spermatozoïde d'un homme avec l'ovule d'une femme. Ce corps humain n'aurait pas beaucoup de facultés si l'esprit créé par Dieu ne venait pas l'habiter. Nous appelons « âme » l'esprit qui habite le corps humain durant sa phase de vie.

Cet esprit qui a développé, par ailleurs, avant son entrée dans le corps, de grandes capacités se trouve limité par le fonctionnement du corps humain dans lequel il a pris place. Cet esprit, devenu cette âme qui est associée au corps, est limité d'abord par les cinq sens, mais aussi par les limites de l'enfance puis après par l'environnement et les habitudes prises en tant qu'être humain. Pourtant, notre esprit parfois nous surprend par ce qu'il a acquis avant d'habiter notre corps : il a cumulé de l'expérience et des connaissances qui parfois peuvent s'exprimer sous la forme de ce que l'on appelle intuition ou don. On a souvent entendu : « celui-ci est très intuitif » ou « celui-là est très doué dans ce domaine ». Certains êtres nous déconcertent par leurs capacités apparentes dès leur plus jeune âge alors qu'ils se trouvent dans un environnement qui n'est pas du tout porteur. Nous disons : quels prodiges !

En fait ce type de personnes, c'est-à-dire un corps associé à un esprit déjà très évolué a la possibilité d'exprimer plus rapidement ce qui a été acquis par ailleurs.

Le corps est le résultat d'un processus humain dans le monde visible, l'esprit est une création qui vient du monde invisible. Leur association donne l'être humain que nous sommes.

Par le corps, il y a une relation de filiation avec le père et la mère, par l'esprit, la filiation nous vient de Dieu, le Créateur.

Cet esprit ne sera libéré qu'au moment de notre mort pour aller rejoindre le monde invisible et continuer sa Vie éternelle.

Jésus, le Christ

Jésus le Christ a vécu dans notre monde il y a plus de 2000 ans. Il est indéniable que Jésus avait des pouvoirs extraordinaires et que ses actes ont changé le monde. Il a fait évoluer les comportements de chacun et conduit l'universalité de la croyance en Dieu.

L'esprit de Jésus est l'esprit le plus évolué qui se soit incarné dans notre monde visible. Il est venu en mission selon le plan de Dieu le Créateur dans le but de changer le monde, pour que toutes les sociétés évoluent en valeurs humaines et connaissances. Aujourd'hui, nous pouvons percevoir dans tous les domaines la mutation de notre société. Notre monde a bien évolué, notamment dans le domaine spirituel, et de nombreuses personnes, dont vous sûrement, sont prêtes à entendre et peut être à mieux accepter la vérité concernant ce monde spirituel.

Le message de Jésus a été révolutionnaire en tout point et sa mort a été le fait déclencheur de tous les changements survenus.

Aujourd'hui l'esprit de Jésus est présent et est toujours missionné par Dieu le Créateur. Il fait partie du monde invisible et sa mission nous concernant est de faire évoluer les Hommes et les sociétés de notre monde visible pour atteindre un niveau très élevé sur le plan des valeurs morales et de connaissances. Nous devons évoluer pour que notre esprit atteigne le meilleur niveau sur notre chemin de la Vie éternelle.

L'Esprit Saint

Dieu, le Créateur a tout créé. C'est pourquoi l'Esprit Saint est aussi une émanation de Dieu. Tout comme une personne, mais dans le monde invisible, son aide peut être sollicitée à tout moment auprès de Dieu. De même, Dieu le Créateur peut aussi nous mettre en relation avec lui, quand Il le juge nécessaire.

Il est là, à nos côtés, prêt à nous aider dans ce changement extraordinaire amorcé par Jésus lui-même, il y a plus de deux milles ans. L'Esprit Saint fait partie du monde invisible, nous ne pouvons le toucher, le voir, le sentir et, nous pouvons avoir la sensation qu'il est présent à nos côtés, quand nous l'appelons. Par une simple pensée, nous pouvons avoir cette relation avec l'Esprit Saint et sa réponse est souvent à l'origine de toutes nos intuitions. À tout moment, nous pouvons faire appel à Lui par la pensée, par la prière et il nous aidera notamment dans nos choix de vie afin d'être toujours sur le bon chemin, le chemin de l'amour, la bienveillance et le pardon. C'est le chemin qu'il faut prendre pour préparer notre lendemain dans le monde invisible.

L'Esprit Saint nous donne la paix, la joie. Il nous transmet la connaissance et l'amour de Dieu, il nous comble d'espérance.

Les êtres de lumière

De nombreux esprits très évolués, appelés des êtres de lumière, peuvent s'incarner sur Terre afin de mener une mission extraordinaire auprès des Hommes. Nos églises quelles que soient les religions peuvent vouer un culte à certains de ces Hommes et les mettent en avant car ils ont marqué l'histoire du monde. Ces Hommes ont mené une vie exceptionnelle et les messages qu'ils ont transmis ont permis de donner les notions de bien et de mal, à une époque où la communication entre les Hommes était difficile.

Ces êtres de lumière peuvent répondre à nos prières quand nous les sollicitons. Ce sont des acteurs importants de la Vie éternelle.

Les anges gardiens et guides

Dieu le Créateur met à notre disposition pendant toute notre vie sur Terre un ange gardien qui veille sur nous et fait en sorte que notre vie se déroule sans perdre de vue le but initial pour lequel nous sommes venus nous incarner.

En fonction de nos orientations, nous pouvons nécessiter une aide d'expert dans un domaine particulier. Dieu le Créateur peut missionner un ou plusieurs esprits évolués afin qu'ils nous aident à accomplir une réalisation si elle s'inscrit dans le développement attendu qui nous incombe. Nous appellerons guide spirituel cet esprit qui nous aide. Au cours de notre vie sur Terre, plusieurs guides spirituels peuvent se succéder à nos côtés.

La création du visible et de l'invisible

Existe-il une autre vie après la mort ? Peut-on espérer une continuité entre notre vie dans le monde visible et la vie d'après ?

Ce sont quelques questions essentielles que l'Homme sensé se pose lors de son passage dans ce monde.

Les religions, les philosophes, des êtres spirituels apportent des réponses la plupart issues de l'histoire, de dogmes ou d'intuitions. Ces réponses sont parfois surprenantes et déroutantes. Lesquelles sont tangibles ? Peut-on seul se faire une idée précise ? Peut-on éviter l'endoctrinement ? Sommes-nous suffisamment évolués pour faire la part des choses ?

Nous devons par nous-mêmes construire nos certitudes car les informations communiquées par les Hommes ne sont pas souvent dignes de confiance. L'Homme est sûrement sincère quand il communique des informations, mais son interprétation des informations n'est pas toujours juste. Alors le risque d'être sur une fausse piste ou d'être victime d'un endoctrinement injustifié est grand et les conséquences peuvent conduire parfois à des mauvais choix de vie.

Actuellement, il existe de nombreux témoignages en provenance du monde invisible.

Parmi ceux-là, il en existe des faux, des douteux mais aussi des vrais. Cette grande diversité vient du fait que nos interlocuteurs qui appartiennent au monde invisible ont des comportements aussi différents que ceux que nous trouvons chez les Hommes dans le monde visible.

Pour savoir exactement ce qui se passe dans l'au-delà, il vaut mieux le demander à des esprits de confiance qui se trouvent dans le monde invisible. Certains d'entre nous sont qualifiés pour nous mettre en rapport avec nos proches du monde invisible. Ces proches, après vérification de leur identité et de leur témoignage peuvent nous éclairer de l'après vie sur Terre. Comme nous avons confiance en ces proches qui sont dans l'au-delà et qu'il n'y a aucun doute sur leur identité, alors nous pouvons accepter les informations qu'ils nous communiquent.

Ne retenons que les témoignages vrais et construisons par leur teneur les réponses à toutes les questions essentielles que nous nous posons.

Ces témoignages nous montrent que notre Vie ne s'arrête pas à la mort, mais aussi que notre Vie existait avant notre dernière naissance sur Terre.

Notre Esprit créé par Dieu doit évoluer pour atteindre le niveau le plus haut visé par notre Créateur. Nous devons apprendre continuellement et modifier nos comportements afin d'atteindre ce niveau.

Pour cela, une seule vie ne suffit pas. Il nous faut faire des expériences, corriger nos défauts de manière durable. Le chemin est long, mais plus nous avançons sur ce chemin, plus notre environnement devient acceptable et la Vie nous paraît meilleure. Ce long chemin, nous emmène sur Terre mais aussi dans d'autres mondes, meilleurs ou pas selon notre évolution. Lors de chaque étape, nous n'avons pas conscience que ce qui suit peut être encore meilleur. Quand nous sommes sur Terre, nous n'avons pas en mémoire notre passé dans les autres mondes. C'est pour cela qu'il nous est très difficile d'imaginer ces autres univers.

Il a fallu des milliers et des milliers d'années selon notre calendrier pour que les habitants de notre Terre atteignent ce degré d'évolution. Aujourd'hui les lois sociales, les réseaux de communication permettent d'envisager une société paisible où les notions du bien et du mal sont bien plus ancrées. Dans cette société, l'Homme ne se satisfait plus de croyance sans preuve. Alors, il est vraisemblable que ces deux derniers millénaires marqués par le passage de Jésus Christ et de son message qui a influencé la planète entière atteignent le stade où les Hommes sont en mesure de construire un nouveau monde plus à l'écoute des esprits du monde invisible et ainsi plus soucieux de préparer son prolongement dans les mondes à venir.

Dieu a créé l'univers dont, notre monde actuel, la Terre, pour nous faire progresser sur notre chemin de la Vie éternelle.

Alors quand nous l'habitons, tout comme nous devons préserver les Hommes, nous devons préserver la Terre afin qu'elle soit la plus viable possible pour nous et les autres. Parce que cette relation avec la création doit être de plus en plus fusionnelle, les éléments de la nature en seront reconnaissants. Notre évolution nous permettra de vivre plus en paix, avec moins d'agitation et avec un respect profond pour tout ce qui compose notre environnement visible : les Hommes et la nature.

L'histoire des peuples et des civilisations

La Terre est une des destinations dans laquelle les esprits créés par Dieu viennent passer un ou plusieurs temps de vie sous une forme humaine.

Durant des milliers d'années, ces êtres humains n'ont pas cessé d'évoluer aussi bien physiquement que mentalement. L'Homme a appris à maîtriser les éléments de la nature pour se rendre la vie plus facile. De même, il a appris aussi à vivre en société.

Durant ces milliers d'années, des Hommes appelés prophètes ou médiums ont influencé les civilisations avec des informations en provenance du monde invisible. De là, sont nés de multiples religions, des églises, des cultes. Tous apportent des notions de bien et de mal similaires et ne se différencient que sur quelques interprétations humaines des informations en provenance du monde invisible. Chaque religion propose des dogmes et des cultes qui lui sont propres.

L'histoire a montré que les Hommes attachés à ces religions peuvent s'entretuer pour défendre leur position.

Ces derniers temps, la communication entre les Hommes est de plus en plus facile et par contre, elle n'est pas toujours très fiable.

Ces échanges se font très rapidement d'un bout à l'autre de la Terre.

Les Hommes sont submergés par toutes ces informations reçues et finissent par perdre leurs repères dans ce monde visible devenu trop complexe pour eux.

S'il faut retenir quelques fondamentaux communs à tous, quelques soient l'histoire des peuples et les civilisations, limitons-nous à une certitude et à un commandement :

- o Dieu le Créateur est unique,

- o Aimons-nous les uns les autres.

Aimons-nous les uns les autres

Quel comportement devons-nous adopter sur Terre pour faciliter notre cheminement dans la Vie éternelle ?

Les Églises proposent des notions de bien et de mal similaires. Parfois certaines religions proposent des règles assez détaillées concernant les différents aspects de la vie : l'alimentation, le jeûne, le mariage, la relation aux parents, l'argent, la gestion des biens, …

Ces quelques notions peuvent créer des différences de culture entre les Hommes.

C'est d'ailleurs sur la plupart de ces règles détaillées que les conflits naissent entre les adeptes d'une religion ou d'une autre.

Lors de son passage sur Terre, Jésus le Christ nous a laissé un commandement primordial et tous les autres doivent être déclinés de celui-ci avec bon sens :

Aimons-nous les uns les autres.

Ce commandement « Aimons nous les uns les autres » ne peut être suivi que si nous avons confiance en Dieu et en nous-même.

Il est donc important d' « aimer Dieu plus que tout » et de s'aimer soi-même.

Aimer Dieu plus que tout

Dieu nous a créés et nous a donnés un cadre pour évoluer. Ce cadre est constitué de l'environnement visible et invisible dans lequel notre vie terrestre se réalise.

Aimer Dieu, c'est Lui faire confiance quelles que soient les évènements.

Aimer Dieu c'est avoir avec Lui une relation affectueuse d'écoute et de miséricorde : remettons Lui nos difficultés à respecter le cadre qu'il nous a confié, demandons Lui de l'aide quand nous en avons besoin. Dieu est toujours présent, mais aussi l'Esprit Saint qui veille près de nous et nous ramène en douceur sur le chemin de la Vie éternelle.

Aimer Dieu, c'est aussi se laisser conduire par Lui.

S'aimer

Aimer les autres n'exclut pas de s'aimer soi-même. D'ailleurs celui qui ne s'aime pas, par sa souffrance, aura des difficultés à aimer l'autre.

S'aimer, c'est avant tout respecter le corps qui nous a été donné en évitant de le malmener, en lui donnant du repos, de l'exercice, une bonne instruction, une bonne alimentation ainsi qu'en le soignant quand il est malade.

S'aimer c'est mettre tout en œuvre pour se développer en élargissant ses connaissances à la fois intellectuelles et spirituelles.

S'aimer, c'est s'ouvrir aux relations avec Dieu le Créateur, Jésus le Christ, l'Esprit Saint mais aussi aux êtres de lumière, aux esprits invisibles évolués qui peuvent nous éclairer et nous aider sur Terre, tels nos anges gardiens ou nos guides spirituels.

Aimer les autres

Il y a de nombreuses façons d'aimer l'autre : il y a l'amour du prochain sans attendre de réciprocité, il y a l'amitié qui est une relation d'estime mutuelle et il y a l'amour physique, un désir qui nécessite un contact.

L'amour physique et l'amitié soient des aspects de l'amour de l'autre contribuant aux valeurs attendues dans l'amour du prochain. Ce sont des notions très importantes dans notre vie. Sans les oublier, nous allons nous intéresser plus particulièrement à l'amour du prochain sans attendre de réciprocité.

Le prochain n'est pas une personne que l'on choisit, c'est la personne qui se présente à nous à un moment donné. Cette personne représente toute l'humanité qui est concernée par cet amour.

Quand nous avons cette disposition d'aimer, nous sommes touchés au plus profond de nous-mêmes par la souffrance de l'autre et nous voulons l'aider tout en préservant sa dignité.

Aimer l'autre, c'est être sensible à tout ce qui peut le toucher, le faire souffrir dans le présent, mais aussi dans le futur visible ou invisible.

Aimer l'autre, c'est veiller à ce que son environnement ne lui soit pas nocif.

Aimer l'autre, c'est l'aider à évoluer aussi bien en valeurs humaines qu'en connaissances.

De cet amour de l'autre découle tout notre comportement dans ce monde terrestre. Ainsi, nous plairons à Dieu en aimant les autres.

Les implications de ce commandement

Aimer les autres implique la mise en application de toutes les valeurs du bien attendues selon le précepte de Dieu le Créateur, notamment la justice, la prudence, la tolérance, la tempérance, l'assistance, l'humilité, la charité mais aussi, à l'inverse, aimer les autres implique le rejet des défauts qui ne sont pas recommandés comme par exemple : l'avarice, la colère, l'envie, la luxure et l'orgueil.

Pour évoluer, il convient alors de développer en nous toutes les valeurs du bien et éviter toutes celles qui ne sont pas recommandées.

Cela peut paraître compliqué de mener toute une vie terrestre sur la base de ce qui est vertueux. Cela l'est surtout quand on se sent seul, dans un environnement parfois incompatible avec ces valeurs.

Celui qui a la foi, n'est jamais seul. Il est aidé à tout moment par Dieu le Créateur, par l'Esprit Saint mais aussi par tous ses amis du monde invisible.

Afin d'évoluer spirituellement, la paresse spirituelle est à proscrire, car l'entretien de notre foi est plus que nécessaire, elle nous permet d'évoluer mais aussi, elle nous donne l'espérance en un monde meilleur.

Évolution des âmes

Dieu nous a créés en tant qu'esprit, et cet esprit se doit d'évoluer en valeurs et en connaissances.

Cette évolution se fait indéfiniment car notre Vie est éternelle. Mais, plus notre niveau est élevé plus la qualité de notre Vie est bonne.

Notre Vie éternelle se fait dans différents univers. Vous qui lisez ce livret, vous êtes actuellement sur Terre, dans cet espace que l'on qualifie de visible. Mais vous avez été auparavant dans d'autres univers et vous serez prochainement dans un autre monde. A chaque étape, nous vivons une expérience qui doit nous permettre de progresser. Ainsi, le passage sur Terre, qui peut sembler difficile pour certains, est réalisé dans le but de vivre des situations que nous devons mettre à profit pour capitaliser l'expérience et une attitude qui plaît à Dieu.

Quand nous vivons une expérience douloureuse, essayons de ne pas perdre de vue notre destinée. Prenons du recul par rapport à tout ce que nous vivons, l'important c'est de passer chaque étape de la Vie éternelle selon le commandement donné, « Aimons-nous les uns les autres » et selon tout ce que ce commandement implique. Nous sommes à même de nous évaluer et de savoir où nous en sommes dans le respect du commandement.

Notre degré d'évolution n'est pas forcément visible sur Terre. Il est difficile de distinguer entre deux Hommes leur différence dans cette transformation selon les préceptes de la Vie éternelle.

Par exemple, un esprit peut être très évolué et se trouve sur Terre pour vivre une expérience d'handicapé mental. Cette situation le fera progresser dans des domaines que le handicap lui permet d'approcher. Au regard de cet handicapé, personne ne pourrait imaginer que cette personne très diminuée mentalement abrite une âme très évoluée qui se trouve en situation d'une expérience douloureuse.

Notre relation aux âmes du visible et de l'invisible

Limité par nos cinq sens, nous ne pouvons a priori qu'envisager des relations qu'avec tout ce qui nous environne sur notre planète.

Nous avons bien d'autres capacités dont de nombreuses qui sont extra sensorielles. Si nous avons la foi en Dieu le Créateur, si nous avons confiance dans la Vie éternelle, dans l'accompagnement spirituel dont nous bénéficions en permanence, alors nous sommes en mesure de d'accroître ces capacités extra sensorielles. Celles-ci nous permettent tout d'abord d'envisager des relations avec des esprits qui nous sont proches mais qui sont dans l'invisible. Ces esprits ont peut-être été déjà incarnés en des personnes que nous avons croisées sur Terre et qui nous ont quittés, ce sont aussi, peut-être, des esprits qui nous ont connus dans l'au-delà ou dans une autre vie sur Terre et qui ont décidé de rester à nos côtés.

Quand nous avons cette capacité de communiquer avec l'invisible, alors toutes sortes de contact peuvent se présenter, des bons et des mauvais. Il nous faut être prudent.

Les esprits qui sont dans l'au-delà sont plus ou moins évolués, plus ou moins facétieux, plus ou moins bons. Leur diversité est aussi grande que celle des Hommes sur Terre.

Alors confions nos questionnements à Dieu le Créateur, à l'Esprit Saint, aux êtres de lumière connus et validons les contacts que nous pouvons avoir avec l'invisible.

Lors de notre passage sur Terre, un ange gardien est mis à notre disposition pendant toute la durée de la vie terrestre. Il veille sur nous, il nous évite certains ennuis et fait en sorte que le plan de Dieu se réalise.

De même, en fonction de nos centres d'intérêts, un ou plusieurs guides spirituels peuvent répondre à nos questions soit par la voie médiumnique soit par l'intuition.

Développons cette relation avec notre ange gardien et aussi avec notre, ou nos guides spirituels. Alors nous ne serons vraiment plus jamais seuls et nos compagnons de route qui sont dans l'au-delà, nous aideront à mieux vivre cette vie.

Le pouvoir de guérison

Ici, il s'agit de guérison du corps mais surtout de celle de l'âme. D'ailleurs les deux sont étroitement liées. Quand l'âme est malade alors l'effet de la maladie se porte sur le corps.

En quoi une âme peut-elle être malade ?

L'âme est malade parce qu'elle s'éloigne du chemin proposé selon le plan de Dieu, parce qu'elle n'est pas vertueuse. Alors elle est triste, elle vit dans l'angoisse, la peur ou le stress d'être dans une mauvaise situation. Ce mal être est alors communiqué à tout le corps qui souffre parce qu'il est moins irrigué par les bonnes énergies.

Quand l'âme est en harmonie avec le rayonnement de l'au-delà, de Dieu le créateur, elle devient le canal de cette énergie et le corps qui en est le récepteur, récupère lui-même toute sa fonctionnalité, sa force, son énergie.

Mais alors qu'en est-il des handicaps dès la naissance, dès le plus jeune âge, des handicaps dus aux accidents ?

Le handicap à la naissance est déjà inscrit dans le patrimoine génétique des ascendants et ce depuis peut être plusieurs générations. L'âme qui vient habiter ce corps, vient vivre une expérience humaine qui peut paraître désagréable aux yeux de tous y compris de celui qui est concerné au premier plan.

Cependant, cette expérience humaine est sûrement bénéfique pour le projet de l'âme qui habite ce corps à ce moment-là.

Les séquelles d'accidents sont traumatisantes, mais elles aussi sont souvent bénéfiques sur d'autres plans, notamment sur celui de la conversion spirituelle.

De même, les maladies et handicaps apparaissant au cours de la vie sont sources de conversion spirituelle.

Dieu est capable de tout, donc aussi de guérir toutes maladies et handicaps. Il nous a donné ce pouvoir de guérir parce que nous sommes un canal entre Lui et ceux que l'on aime.

Il y a alors trois conditions pour exercer ce pouvoir de guérison :

- o Il faut que nous soyons conscients que nous ne sommes que le canal des énergies communiquées par Dieu le Créateur et que sans lui la guérison n'est pas possible,

- o La relation avec la personne nécessitant la guérison doit être empreinte d'amour,

- o La personne à guérir doit espérer fortement de cet acte de relation divine.

Il se peut que la personne vive cette situation de malade ou d'handicapé parce que celle-ci est inscrite dans le projet salutaire de son âme.

Dans ce cas, nous pouvons prier afin de diminuer les souffrances de cette personne en difficulté.

Nous ne pouvons guérir que si nous restons dans le plan de Dieu et que si cette guérison génère une conversion des cœurs, c'est-à-dire des âmes.

Par cette foi, nous avons la capacité de guérir.

Le passage vers l'invisible

Notre vie sur Terre se termine un jour pour continuer ailleurs : c'est le passage dans l'invisible.

Quand on ne croit pas à la Vie éternelle, cette fin de vie sur Terre peut être traumatisante et peut terrifier les personnes concernées mais aussi leurs proches.

De même, certains de ceux qui croient à la Vie éternelle peuvent être inquiets de partir vers l'inconnu, être tristes à l'idée de se séparer de ceux que l'on aime.

D'autres peuvent se réjouir à l'idée d'une vie autre, à l'idée de ne plus souffrir sur Terre par la maladie, le handicap ou les circonstances.

Il est important d'espérer une vie heureuse ailleurs telle qu'elle est inscrite dans notre plan de Vie éternelle. Cette espérance doit nous aider à mieux vivre dans l'amour des uns et des autres. Les progrès accomplis nous permettront de bien évoluer dans notre Vie éternelle, dans l'univers invisible qui nous est réservé.

Lors de notre passage, laissons-nous monter vers l'au-delà sans résistance, sans peur, dans la douceur, ne nous retournons pas avec nostalgie sur notre vie passée. Notre corps privé de notre âme nous semblera désuet, tel une enveloppe sans consistance que nous abandonnerons volontiers.

Quand un de nos proches fait le passage, alors nous qui restons, prions pour l'encourager à se laisser emmener, prions Dieu pour qu'il l'appelle près de Lui, demandons aussi à toutes nos relations de l'invisible de l'aider à faire ce passage.

Surtout ne nous lamentons pas car ce proche qui vient de partir pourrait se mettre en difficultés en voulant rester près de nous et serait ensuite accablé par cette résistance à partir.

Les personnes qui passent dans l'invisible se réjouissent quand elles nous savent heureux et ressentent avec joie les prières que nous faisons à leur égard.

Notre vie dans l'invisible

Dans l'invisible, la notion du temps n'est pas la même que dans le visible. Les perceptions sont aussi différentes et les besoins vitaux que nous avons actuellement n'existent plus.

Après le passage, nous arrivons imparfaits alors nous avons tout un programme à dérouler afin de progresser et atteindre l'état divin. Nous avons toute une éternité pour y arriver, une éternité avec d'autres notions du temps, d'autres modes de fonctionnement : par exemple, entre autres, la langue parlée ne sera plus une barrière entre les personnes, aux parlers différents.

Nous évoluerons à notre guise et des esprits bienveillants nous accompagneront pour faciliter notre vie.

Nous retrouverons sûrement des esprits connus dans nos vies précédentes dans le visible ou l'invisible.

Il est possible que notre évolution nécessite une nouvelle incarnation dans le monde visible afin de mener d'autres expériences de vie profitables.

Cette Vie éternelle nous réserve que de belles surprises.

Notre vie dans le monde visible

L'enfance, relations aux parents

Nous nous incarnons dans le corps d'un enfant en gestation. Dès l'arrivée de l'esprit dans le fœtus, l'enfant éveillé par son âme est attentif à tout son environnement et est sensible à l'amour qui lui est porté, à la joie, au stress, à la peine ressentis par sa mère, ses proches sur Terre. Dès cette incarnation, tout notre passé dans les vies antérieures s'efface de la mémoire de l'enfant. Toutefois, il se peut que l'enfant garde encore pendant quelques années quelques prédispositions dans la perception extrasensorielle qui lui vient de sa vie antérieure, dans le monde invisible. Ces réactions peuvent nous surprendre parce que le jeune enfant peut sentir, voir, entendre des choses que nous ne distinguons pas quand nous sommes adultes. En grandissant, l'enfant reçoit l'influence de son environnement, il fait des expériences et apprend. Ses capacités initiales sont plus ou moins développées en fonction de ce qu'il a appris ou expérimenté avant son incarnation. Son caractère, ses différences, peuvent surprendre ses parents car il a hérité sûrement un peu d'eux par les années passées à leur contact mais il est aussi marqué par l'histoire de son esprit. Sa destinée sera fonction du but qu'il s'est donné en venant vivre cette incarnation mais aussi fonction des situations dans lesquelles il a vécu sa jeunesse.

Tout naturellement l'enfant est porté à aimer ses parents. Si l'amour est réciproque, alors cet enfant bénéficiera d'un cadre de vie idéal pour atteindre le but qu'il s'est fixé.

Notre vie de famille

A son tour l'enfant, une fois adulte, devra faire des choix de vie. Est-ce que nous voulons partager la vie avec quelqu'un ? Est-ce que nous voulons avoir des enfants ? Est-ce que nous préférons rester tout seul ? Peut-être que les circonstances de vie ne nous laissent pas de choix possibles. Quelle que soit la situation dans laquelle on se trouve, nous devrons être soucieux des proches qui nous entourent. Profitons de ces relations fortes pour entretenir mutuellement la spiritualité qui nous anime, pour éviter de sombrer dans un quotidien parfois trop matérialiste. Transmettons ce que nous savons, ce que nous ressentons à nos proches. Demandons de l'aide quand nous nous sentons accablés par des circonstances, quand parfois nous manquons de courage, de recul. Acceptons de ceux qui nous aiment des corrections qui peuvent nous faire grandir.

Celui qui a la possibilité de vivre au sein d'une famille a l'opportunité de développer sa spiritualité et celle de ses proches.

Cette grâce, cette grandeur, qui animera cette famille sera à l'origine d'une vie épanouie.

Notre travail

Dans ce monde visible, nous devons produire un travail pour subvenir à nos besoins. Le monde du travail nécessite parfois des relations autres que celles partagées avec nos proches.

Comment appliquer le commandement « aimez-vous les uns les autres » dans un cadre souvent très exigent ?

Quelques règles sont à respecter :

- Rester toujours en harmonie avec ses valeurs,
- Regarder l'autre comme un esprit frère,
- Faire le plus correctement possible les tâches confiées,
- Accepter les corrections qui font grandir,
- Être compréhensif dans la souffrance de l'autre,
- Aimer ce que l'on fait tout en partageant,
- Rester dans les limites du temps de travail.

Dans des situations difficiles, nous pouvons à tout moment faire appel à notre ange gardien, ou à notre guide spirituel pour qu'il nous aide à nous retrouver en paix et que nos obligations de travail deviennent aussi des situations de bien-être.

Le temps de travail fait partie de la vie mais ne doit pas nous éloigner de notre vraie vie.

Nos relations aux autres

Nous vivons rarement de manière isolée. Nous croisons de nombreuses personnes tout au long de notre vie dans ce monde visible.

Ces rencontres ne sont pas toujours le fruit du hasard, car dans cette vie le chemin de telle personne et celui de telle autre personne devaient se croiser. Souvent notre relation à l'autre démarre avec un échange de regard, une simple parole, une poignée de main ou une embrassade. Au travers de ce simple contact, nous transmettons à l'autre de manière imperceptible une nature de notre identité associée à ce qui nous caractérise : de l'amour ou de la haine, du bonheur ou de la tristesse, de la détermination ou pas.

Ce début de relation à l'autre peut changer notre vie. De toutes les rencontres, de toutes les unions de personnes, il y a une énergie de l'un et de l'autre qui s'ajoutent et cette énergie peut produire des effets extraordinaires. C'est pourquoi nous devons voir dans la personne rencontrée une opportunité de rassembler nos forces.

Gardons en mémoire que chaque personne est habitée par une âme qui vient faire des expériences dans ce monde. Quand nous nous trouvons sur le chemin de l'autre, alors nous pouvons sûrement partager de nombreuses pensées avec cette personne. Voyons dans l'autre, une personne qui a besoin d'amour pour progresser. Nous sommes sûrement à ses côtés pour le lui donner.

Prières type

A Dieu le Créateur

Je crois en Toi, Dieu le Créateur,

C'est Toi qui es à l'origine de tout.

Je mène cette vie pour progresser

Aussi bien en valeurs humaines qu'en connaissances.

Je respecte profondément toute Ta création.

Pardonne-moi si parfois je m'égare et,

Donne-moi des signes pour que je retrouve Ton chemin.

Aide-moi s'il Te plaît dans les moments difficiles,

Surtout dans l'amour des uns et des autres.

Dieu, Tu es ma force.

A notre ange gardien

Mon cher ange gardien,

Je suis heureux de bénéficier de ton aide,

Tu es mon compagnon de route,

Le jour, la nuit, tu es près de moi.

J'ai pu grâce à toi éviter bien des soucis,

Et je suis conscient que, quand,

Je traverse certaines difficultés,

C'est que mon parcours de vie

Doit passer par ce chemin.

Pardonne-moi si parfois je t'oublie.

Mais quand je suis à ton écoute,

Aide-moi s'il te plait à comprendre tes messages.

Je suis heureux de t'avoir à mes côtés.

A notre guide spirituel

Mon cher guide spirituel,

Je te remercie de te rendre disponible,

Avec l'accord de Dieu le Créateur,

Pour répondre aux questions que je te pose.

J'ai confiance en toi et j'apprécie vraiment

Toute l'aide que tu m'apportes.

N'hésite pas à me faire savoir

Si parfois je te mets mal à l'aise

Ou si je te dérange.

Grâce à toi, ma vie s'éclaire et

Ma relation à Dieu est encore plus forte.

Je te remercie pour tout.

Aux esprits spirituels éminents

Chers frères et sœurs,

Je suis heureux de vous savoir des êtres de lumière.

Vos connaissances en tout et votre bienveillance

Sont sûrement très appréciées de Dieu le Créateur.

De par votre position, je m'en remets à vous

Pour demander de l'aide dans cette situation.

Si cela est possible, priez pour nous,

Afin que nous vivions en paix et sans souffrance.

....

....

Nous vous remercions infiniment

Et vous souhaitons le meilleur près de Dieu

Entretenir notre foi et la communiquer

La foi est cette confiance à l'existence de Dieu, au monde invisible qui nous entoure, à la Vie éternelle. Notre foi n'est pas infaillible. Le quotidien peut prendre le dessus à tout moment sur cet univers spirituel. Nos besoins vitaux, les tentations du monde éloignent hors de nos pensées cette vérité de l'invisible. Si nous sommes isolés, dans la solitude, le danger est encore plus grand. Comment faire pour être, dans ce monde, en harmonie avec les attendus de l'au-delà ?

Il est important lors de nos rencontres avec d'autres personnes de déceler quelles sont celles avec lesquelles nous pouvons échanger pour partager nos connaissances sur la Vie éternelle et sur Dieu.

A plusieurs, nous pouvons mettre en place des rencontres périodiques avec des thèmes de discussion afin de maintenir notre foi. Dans ces rencontres, il faut privilégier évidemment des moments de prières qui nous permettent d'établir une bonne relation avec l'invisible et qui nous permettent aussi de nous recharger en énergie.

Ces rencontres doivent se faire en petits comités afin que chacun se sente vraiment impliqué par les discussions et prières.

Comment communiquer notre foi aux autres ?

Nous ne pouvons en parler que quand nous sommes vraiment certains de ces préceptes.

Dans son cheminement, la personne sur Terre peut ne pas être prête à amorcer un changement dans sa manière de concevoir la vie, à accepter de communiquer à propos de spiritualité.

D'autres sont prêtes et elles seront plus attentives à nos propos.

Alors, nous communiquerons avec celles-ci ce que nous savons en toute simplicité, sans prosélytisme, sans excès.

C'est notre manière de vivre, notre amour des uns et des autres qui interpelleront et qui feront naître ou développer chez certains des relations plus spirituelles.

Épilogue

Ce livret est une petite aide simplifiée pour nous éclairer sur notre place dans ce monde à la fois visible et invisible. Nous sommes un esprit parmi une multitude créée par Dieu. Nous sommes actuellement sur Terre et notre âme est associée à un corps pour vivre des expériences de vie qui nous permettent d'évoluer. Notre vie en tant qu'esprit a démarré bien avant notre naissance sur Terre et va continuer éternellement après. Pour vivre en cohérence avec notre plan de Vie éternelle, vivons en mettant en application ce commandement :

Aimons-nous les uns les autres.

Notre vie sur Terre n'est qu'une petite étape de notre Vie.

Ayons confiance en Dieu le Créateur et notre vie sera plus facile.